HISTOIRE D'UN SOLDAT

PAR

UN EX-SOUS-OFFICIER

de l'armée du Rhin

BAZAINE

SA VIE — SON PROCÈS

Lettre autographe de S. M. l'Empereur.

Prix : 25 centimes.

Deo et Cæsari fidelis perpetuò.

PARIS

LACHAUD ET BURDIN, ÉDITEURS

4, PLACE DU THÉATRE-FRANÇAIS, 4

HISTOIRE D'UN SOLDAT

PAR

UN EX-SOUS-OFFICIER

de l'armée du Rhin.

BAZAINE

SA VIE — SON PROCÈS

Lettre autographe de S. M. l'Empereur.

Prix : 25 centimes.

Deo et Cæsari fidelis perpetuò.

PARIS

LACHAUD ET BURDIN, ÉDITEURS

4, PLACE DU THÉATRE-FRANÇAIS, 4

HISTOIRE

D'UN

SOLDAT

BAZAINE

HISTOIRE D'UN SOLDAT

« Le crime fait la honte et non pas l'échafaud. »

L'héroïque soldat dont nous retraçons brièvement l'histoire, est un exemple vivant de ce que peut la bravoure unie à l'intelligence et à l'énergie du caractère, en même temps que sa condamnation ajoute un nouveau désastre à ceux que la révolution du 4 septembre a déchaînés sur notre pays.

Après avoir parcouru tous les degrés de la hiérarchie militaire, avoir pris sa part de gloire et de périls dans toutes les campagnes qui ont illustré notre armée ; après avoir conquis, à force de talents et d'héroïsme, sa place à coté des plus grands capitaines dont s'enorgueillit la France, le maréchal Bazaine est tombé, non sur un de ces champs de bataille où il avait si souvent affronté la mort, mais devant le texte inflexible d'une loi qui n'était point faite pour les circonstances extraordinaires au milieu desquelles il s'est débattu, parce que le Législateur n'avait pu les prévoir.

Ses Juges l'ont si bien compris qu'au moment même où ils se croyaient obligés de lui appliquer cette loi dans toute sa rigueur, ils se sont crus non moins obligés, eu égard à ces circonstances et en présence des incomparables états de service du condamné, de supplier le chef du pouvoir de ne pas laisser exécuter leur fatale sentence ! De sorte qu'on peut dire qu'en le renversant d'une main, ils l'ont relevé de l'autre.

Ce sont ces mêmes états de services que nous allons passer successivement en revue, jusqu'à la catastrophe finale qui en a si cruellement interrompu la glorieuse série.

Bazaine (François-Achille), naquit, le 13 février 1811, à Versailles dans cette capitale du Grand-Roi où, par une étrange fatalité, sa carrière devait finir.

Compatriote du général Hoche qui, lui aussi, eut tant à souffrir des passions et des calomnies révolutionnaires, Bazaine était, comme son illustre devancier, doué des rares qualités qui font, à la fois, le soldat et le général en chef : l'audace et le sang-froid, la promptitude et la sûreté du coup d'œil, la fécondité des ressources et la ténacité.

Quoique fort honorable, la famille du maréchal ne jouissait que d'une modeste aisance. Elle a produit des soldats et des ingénieurs distingués. Le frère du maréchal s'est fait un nom parmi les plus habiles ingénieurs de chemins de fer. Deux de ses neveux servent dans l'armée ; l'un dans l'artillerie, l'autre dans les chasseurs à pied, et se sont fait remarquer par leur talent et leur bravoure. Un autre de ses neveux, E. Sageret, abandonna ses jeunes enfants au commencement de la guerre, équipa à ses frais une compagnie de francs-tireurs à Neuilly, et se fit tuer héroïquement dans les Vosges. Son beau-frère, M. Clapeyron, était un des plus savants membres de l'Institut. Enfin, le fils de ce dernier, brillant officier de cavalerie, quoique gravement blessé à Sedan, parvint à s'en échapper et à remplir une importante mission qui lui était confiée.

A défaut de fortune, Bazaine reçut de sa famille une instruction solide avec l'exemple et l'habitude du travail.

Dès son enfance, il se sentait invinciblement entraîné vers la carrière des armes. Il voulait y entrer par l'Ecole polytechnique; ayant échoué dans ses examens, en 1831, il résolut de se faire soldat, et s'engagea dans le 37e de ligne qui partait pour l'Afrique. Il franchit promptement les premiers grades. Quelques mois après son enrôlement, Bazaine était caporal, l'année suivante fourrier, puis sergent-fourrier, puis sergent-major, puis bientôt, en 1833, il recevait l'épaulette de sous-lieutenant.

Cet avancement rapide, Bazaine le dut autant à son respect de la discipline et à sa ponctualité dans le service qu'à son instruction. Le rude apprentissage qu'il fit du métier dans les derniers rangs de l'armée le rendit éminemment propre à remplir les grades supérieurs, et fut une des principales causes de cette confiance sans bornes qu'il inspirait aux hommes sous ses ordres. On aime à être commandé par ceux qui ont appris d'abord à obéir.

Le jeune officier ne tarda pas à justifier sa promotion. Le 28 juin 1835, à la sanglante affaire de la Macta, quoique blessé d'un coup de feu, dans la mêlée, il soutint héroïquement la retraite de nos troupes et donna de telles preuves d'intrépidité et de sang-froid que le brave général Trézel, commandant de l'expédition, attacha sa propre croix sur la poitrine du sous-lieutenant Bazaine, en lui prédisant le plus brillant avenir.

Cette flatteuse prédiction, le héros de la Macta se chargea de la réaliser en saisissant avec empressement toutes les occasions de se distinguer dans de nouveaux combats et d'affronter de nouveaux dangers. En septembre 1835, Louis-Philippe ayant envoyé en Espagne la légion étrangère et un certain nombre d'officiers français pour soutenir la Reine contre les carlistes, Bazaine partit avec cette légion et se fit remarquer parmi les plus habiles et les plus braves.

Plusieurs fois Bazaine mérita d'être cité à l'ordre de l'armée; une fois, entre autres, pour avoir défendu, pendant six jours, avec une poignée d'hommes, le village de Perès, contre une partie de l'armée carliste; une autre fois, pour un acte d'héroique audace, qui rappelle les plus beaux faits de la chevalerie et qu'ont exalté tous les journaux du temps. A la bataille de Barbastro, Bazaine qui faisait partie de l'état-major du général Conrad, commandant les troupes de la Reine, voit son chef frappé à mort, et les ennemis se précipiter sur son cadavre pour le mutiler. Bazaine s'élance au milieu d'eux, leur arrache le corps de son général, le place en travers de son cheval et, le pistolet au poing, le sabre aux dents, traverse les lignes avec son précieux fardeau, qu'il transporte jusqu'à Saragosse.

Quelque temps après, Bazaine est désigné comme attaché militaire, pour suivre les opérations de l'armée de la Reine. Les remarquables rapports qu'il adressait au ministère de la guerre, étant tombés sous les yeux de Louis-Philippe, frappèrent vivement l'esprit du Roi. Sa Majesté ne se contenta pas de le nommer capitaine dans la légion le même jour où le duc d'Aumale était élevé au grade de chef de bataillon, elle voulut, plus tard, l'attacher à sa personne avec le titre d'officier d'ordonnance. Bazaine ne pouvait qu'être flatté de cette marque de royale confiance; mais son défaut de fortune, qui ne lui permettait pas de faire figure à la Cour, surtout l'indépendance de son caractère, qui le rendait peu propre à ce genre de serviee, ne lui permirent pas d'accepter une faveur que tant d'autres ambitionnaient. Il préféra rejoindre sa Légion et retourner en Afrique, où l'attendaient de nouveaux exploits.

Il eut bientôt l'occasion d'y déployer son indomptable fermeté. Assiégé dans Milianah avec 1,200 soldats par plusieurs milliers d'Arabes qui interceptaient toutes les communications, il y soutint un siége de huit mois, au milieu des horreurs de la famine, sans que sa résolution ait un instant faibli ; et, quand l'armée française vint le délivrer, son héroïque garnison était réduite à 120 hommes, qui n'avaient plus la force de tenir un fusil. Tous les autres étaient morts d'épuisement ou sous feu de l'ennemi ; lui-même était dans un tel état de faiblesse et de maigreur que, quand il vint en France pour réparer ses forces, ses parents et ses amis avaient peine à le reconnaître.

Un officier de cette trempe, ne pouvait rester ignoré des chefs de notre grande colonie. Le duc d'Orléans, à qui la France doit la création de nos premiers bataillons de chasseurs d'Afrique, s'empressa d'y incorporer le capitaine Bazaine. Après avoir contribué pour sa part à l'organisation de ces intrépides soldats et y avoir obtenu en 1841, le prix du tir, Bazaine fut appelé au commandement de Sidi-bel-Abès, poste important qu'il avait fondé, et où il eut pour la première fois l'occasion de montrer ses remarquables talents d'administrateur. Bientôt nommé chef du bureau arabe dans la province d'Oran, il y prépara avec le plus grand succès toutes les opérations qui s'y sont accomplies de 1842 à 1845, pour étendre et consolider notre conquête.

Ces travaux ne l'empêchaient pas de prendre une part active à nos opérations militaires et d'y gagner le grade de chef de bataillon. C'est alors qu'il servit tour à tour sous les ordres des généraux Bugeaud, Cavaignac, Lamoricière, Pélissier qui, l'ayant vu à l'œuvre, avaient conservé la plus haute opinion de son mérite, et sont restés ses amis jusqu'à la fin.

Son accusateur devant le Conseil de guerre, a prétendu qu'il avait profité de ses fonctions administratives en Algérie et de ses fréquents rapports avec les Arabes, pour s'initier aux pratiques de cette politique tortueuse et à double face, dont il aurait fait usage dans le commandement de l'armée du Rhin. La vérité est qu'il ne s'est jamais servi de sa profonde connaissance des hommes et de son expérience des affaires, que pour créer et pour maintenir, entre les Français et les Arabes, les meilleures relations, et inspirer aux uns comme aux autres, cette confiance qui tournait toute entière au profit de la mère-patrie. Nous ne citerons qu'une preuve du renom de loyauté dont il jouissait en Afrique.

Lors de la prise d'Ab-el-Kader, à laquelle il avait grandement contribué, le célèbre émir ne voulut se soumettre définitivement et accepter le traité qui lui était proposé, qu'à condition que le commandant Bazaine y aurait apposé son sceau.

La lettre suivante du général Cavaignac, à qui la révolution de 1848 venait de confier le gouvernement de l'Algérie, est une nouvelle preuve de sa haute estime pour le jeune chef du bureau arabe.

Le commandant Bazaine avait été nommé lieutenant-colonel dans un régiment qui rentrait en France. Craignant de perdre un homme dont le concours lui semblait si précieux, le général, après l'avoir félicité de son nouveau grade, lui écrivit :

« Dans les circonstances présentes, dont plus que « tout autre vous êtes à même d'apprécier les diffi« cultés, je compte sur votre dévouement et sur l'in« térêt que vous portez aux affaires de ce pays.

« J'ai donc la confiance que vous ne demanderez « pas à rentrer en France. Dans quelques mois, la si« tuation sera sans doute moins grave, et alors je « vous ferai jouir d'un congé dont je sais que vous « avez grand besoin. C'est un nouveau sacrifice que « je vous demande, mais je sais que je ne ferai pas « appel en vain à votre patriotisme. »

Bazaine cède aux instances de son chef et ne revient en France que quand sa présence en Afrique ne paraît plus aussi nécessaire. Mais, deux ans après, il désire y retourner. C'est alors qu'un autre général, aujourd'hui élevé à la plus haute magistrature de l'Etat, le maréchal Mac-Mahon, lui écrit ces mots :

« Mon cher ami, êtes-vous toujours dans l'intention « de retourner en Afrique ? La position de colonel du « 9e de ligne à Tlemcen vous irait-elle ? Dans ce cas, « je suis presque sûr de vous la faire obtenir. Répon- « dez-moi par le courrier. Dans tous les cas, je suis « toujours votre meilleur ami. »

Est-ce dans ces termes d'affectueuse confiance que ces illustres hommes de guerre auraient écrit à Bazaine s'ils n'avaient vu en lui qu'un ambitieux vulgaire s'essayant dans les bureaux arabes aux fourberies dont on a essayé de le flétrir ? Devant de pareils témoignages, que reste-t-il de cette odieuse accusation ?

Ce qui a pu en fournir le prétexte pour les esprits superficiels qui le connaissaient mal, ce sont précisément les qualités qui auraient dû l'en préserver. Malgré l'ardeur de son tempérament, Bazaine montrait, en toute circonstance, une réserve et une modestie que quelques-uns ont pu prendre pour de la dissimulation. Constamment fidèle à sa noble devise : *Acta non verba* (des faits, non des paroles), il ne haïssait rien plus que le bavardage et la mise en scène. On ne le vit jamais faire blanc de son épée. A l'exemple de ses illustres amis, les Bugeaud, les Vaillant, les Pélissier, il accomplissait de grandes choses simplement, sans étalage ni forfanterie. Au plus fort de la mêlée, quand les obus pleuvaient autour de lui et que les balles trouaient ses habits, il se montrait aussi tranquille que s'il eût joué sa partie de billard, et quand l'action était terminée, que son devoir était rempli, tel que le moissonneur qui s'endort à la fin de la journée sans réclamer son salaire, il laissait à d'autres le soin de faire valoir ses services.

Bazaine ne se montrait pas moins indifférent pour

les calomnies qui le poursuivaient. Ses envieux, car il en avait beaucoup, comme en ont tous ceux qui s'élèvent au-dessus du vulgaire, ne pouvaient comprendre une pareille conduite. Ce qui les exaspérait surtout, c'est le bonheur qui l'accompagnait sans cesse, c'est le succès qui couronnait toutes ses entreprises; où les autres avaient échoué, Bazaine ne manquait jamais de réussir. Au lieu d'en chercher la cause dans la supériorité de ses talents, ceux-ci n'y voyaient que la chance et l'appelaient *chançard*, ceux-là, que la finesse et la ruse. Bazaine n'ignorait point les efforts de ses ennemis pour rabaisser son mérite; mais il ne voulut jamais s'en défendre autrement que par un sourire de dédain. Il eut tort. Son dernier procès a dû lui prouver que ces calomnies avaient produit leur effet. En les faisant revivre dans les débats de Trianon, ses accusateurs les ont habilement exploitées pour indisposer contre lui l'opinion publique.

Quoi qu'il en soit, c'est avec le grade de lieutenant-colonel et de colonel qu'il fit partie de toutes les expéditions qui ont ajouté à la gloire de notre armée d'Afrique, depuis 1845 jusqu'en 1854. Il se fit également remarquer dans les campagnes de Kabylie et du Maroc où sa bravoure lui mérita d'être cité souvent à l'ordre du jour et lui valut le grade d'officier dans la Légion d'honneur.

La guerre d'Orient mit dans un nouveau jour ses rares aptitudes militaires. Parti pour la Crimée en 1854 avec le grade de général de brigade, il était nommé en 1855 général de division, comme récompense des nombreux services qu'il avait rendus tant à Gallipoli où il commandait l'avant-garde de l'armée, que devant les murs de Sébastopol à la prise de laquelle il contribua pour une large part. Bazaine avait retrouvé là bon nombre de ses amis d'Afrique, particulièrement Pélissier qui, connaissant sa valeur, l'employait aux affaires les plus difficiles et les plus périlleuses.

On sait ce qu'il a fallu à notre armée de bravoure et de ténacité pour triompher enfin de ce boulevard de la puissance russe. Pendant de longs mois, nos soldats, exposés dans les tranchées à une grêle de projectiles lancés des remparts de la ville, auraient peut-être senti leur courage faiblir si leurs chefs ne leur avaient donné l'exemple du calme dans la souffrance et de l'intrépidité devant le danger. En cela les généraux Canrobert et Bazaine se sont signalés entre tous. Chaque fois que la tempête de fer éclatait sur nos ouvrages, on était sûr de les voir arriver au milieu des troupes pour les reconforter par de bonnes paroles et leur montrer comment on affronte la mort. Bazaine avait un moyen qui ne manquait jamais son effet. Au plus fort de l'ouragan lorsque, soldats et officiers cherchaient à se blottir à l'abri de l'éclat des bombes, il faisait déblayer la neige sur un certain espace de la tranchée, invitait les plus timides à jouer au bouchon avec lui et ne quittait cet amusement, cher au troupier, que quand le feu avait cessé. Inutile de dire l'effet moral qu'un pareil sang-froid produisait sur les troupes et la confiance que de tels chefs leur inspiraient.

Au moment de la chute de la ville, un peu avant que Mac-Mahon ne s'élançât vainqueur sur les débris de la tour Malakoff, Bazaine attaque et prend le bastion central après une sanglante résistance, et le lendemain de notre victoire, Pélissier le nomme gouverneur de Sébastopol.

Il était à peine installé dans ses nouvelles fonctions que les deux généraux en chef des armées alliées, le mettent à tête de l'expédition anglo-française, dirigée contre la forteresse de Kinburn. Bazaine s'embarque avec un peu de monde, accompagné de quelques batteries flottantes qui devaient faire le premier essai de la puissance de leurs canons contre cette forteresse. Trois jours suffisent pour en renverser les murs et forcer les défenseurs à se rendre. Bazaine en ramena 1500 prisonniers et 170 canons.

Ce beau fait d'armes lui valut la lettre suivante du maréchal Pélissier : « Général, la nouvelle de la prise « de Kinburn a soulevé dans l'armée une véritable joie. « Je vous félicite cordialement de ce beau succès et « je vous prie de vouloir bien être l'interprète de ma « satisfaction auprès des troupes sous vos ordres. »

La place de Bazaine était également marquée dans la campagne d'Italie. Il sut y déployer, à la tête de sa division, le même sang-froid, la même bravoure, les mêmes capacités d'administrateur et de général qui l'avaient distingué dans les campagnes précédentes. A la bataille de Marignan, il fut obligé de payer de sa personne comme le dernier de ses soldats et n'échappa à la mort que par une sorte de miracle. Ses habits étaient troués de balles. Il affronta les mêmes dangers à Solférino. C'est à son intrépidité, à l'élan qu'il savait donner à ses troupes, qu'on dut la prise du cimetière d'où le feu des Autrichiens qui y étaient retranchés faisait tant de ravages dans nos rangs. Il eut donc aussi une part glorieuse dans cette grande victoire qui termina la guerre et qui rendit à la France ses frontières des Alpes.

L'empereur, qui connaissait Bazaine et avait pu apprécier ses hautes capacités en le voyant à l'œuvre, ne pouvait le laisser inoccupé. Après l'avoir rappelé d'Italie, où il avait pendant près de deux ans commandé à Pavie notre dernier corps d'occupation, il le mit à la tête d'une des divisions de l'armée de Paris, et, en 1862, lorsque l'expédition du Mexique fut décidée, il lui confia le commandement de la 1re division du corps expéditionnaire ; placé d'abord sous les ordres du maréchal Forey, Bazaine prit une part active à toutes les batailles qui ont signalé le courage de nos soldats sur cette terre lointaine. Pendant le siége sanglant de Puebla, Il ne cesse d'exciter l'ardeur de nos troupes, et à force de ténacité et de bravoure, finit par triompher des dernières résistances de cette ville.

Quelques jours avant, Bazaine avait accompli un de ces faits d'armes qui ont leur place à part dans les plus glorieuses légendes militaires. Ayant appris que le général Comonfort accourait au secours de Puebla avec une armée de 25,000 Mexicains, Bazaine marche à sa rencontre à la tête de quatre mille soldats seulement et l'atteint près de San-Lorenzo. Avec une aussi faible troupe, il était difficile de vaincre par une attaque directe un ennemi six fois plus nombreux. Bazaine eut recours au stratagème suivant : la nuit, pendant que Comonfort et ses principaux officiers dormaient ou s'amusaient tranquillement dans le village de San-Lorenzo, Bazaine met sur pied ses soldats, n'en laissant qu'un petit nombre au bivouac pour y entretenir les feux, et s'avance sans bruit près du camp mexicain. Puis, entouré des officiers de son état-major, il marche résolûment vers les postes avancés de l'ennemi, répond en espagnol à leur *qui-vive* et leur dit quelques mots qui écartent de leur esprit toute défiance; tandis qu'à un signal donné, nos soldats s'élancent à la suite de leur chef, surprennent les Mexicains et les mettent en déroute complète.

Cet acte d'audace anéantit l'armée de Comonfort, répandit au loin la terreur de nos armes et le prestige du général français.

Après cette victoire et la prise de Puebla, Bazaine se dirige avec sa division sur Mexico, et, le 12 juillet 1863, il s'empare de cette capitale au nom de la France.

La santé du maréchal Forey l'ayant obligé de quitter le commandement en chef de l'armée du Mexique, Bazaine était naturellement désigné pour le remplacer. Dès ce moment une activité nouvelle est imprimée à notre corps expéditionnaire. Nos troupes divisées en plusieurs colonnes parfaitement organisées poursuivent dans toutes les directions les débris de l'armée de Juarès, qui, lui-même, est forcé de se réfugier aux Etats-Unis. En quelques mois, l'immense territoire du Mexique, quatre fois aussi grand que la France, se trouve conquis par une armée de trente mille hommes à peine et soumis partout à notre autorité.

De tels prodiges, si rapidement et si habilement accomplis, avaient mis le comble à la gloire de Bazaine, son nom était dans toutes les bouches, et, quand l'Empereur lui envoya pour le récompenser le bâton de maréchal de France et le grand cordon de la Légion d'honneur, il ne fit que ratifier le jugement de l'opinion publique.

Maîtresse absolue du Mexique, la France pouvait en disposer à son gré. Ce pays était trop grand pour être réduit à l'état de simple colonie. D'ailleurs, le vœu des habitants était de conserver leur indépendance sous l'autorité d'un chef qu'ils auraient choisi ou reçu de la main du vainqueur. L'Empereur pouvait y placer un des membres de sa famille ; il crut plus sage d'y appeler l'archiduc Maximilien d'Autriche, qui, par son origine et ses dispositions libérales, semblait réunir toutes les qualités propres à régénérer ce malheureux peuple, ainsi qu'à réaliser les projets de la France sur sa nouvelle conquête. On sait que l'Empereur, dans cette fameuse expédition qu'on lui a tant reprochée, n'avait d'autre but que de procurer un plus vaste débouché à notre commerce et à notre industrie, d'empêcher que le golfe du Mexique, qui, après le percement de l'isthme de Panama, doit servir de refuge à tous les navires des deux Océans, ne tombât dans les mains jalouses d'une des grandes puissances maritimes, et de le laisser, comme le canal de Suez, ouvert à toutes les marines du monde.

En conséquence, les principaux représentants du

clergé, de la noblesse et du commerce du Mexique furent invités à se réunir en Europe pour offrir à l'archiduc la Couronne impériale de Montézuma. Maximilien partit pour Mexico, y fut acclamé comme souverain, et l'on put croire, dans les premiers moments, que tout allait sourire au nouvel Empereur. Malheureusement, ni Juarès ni ses partisans n'avaient renoncé à ressaisir le pouvoir. Encouragés par cette opposition française que nous retrouvons toujours au commencement de nos désastres, ils ne tardèrent pas à relever la tête, à réorganiser la révolte et assassiner nos soldats sur tous les points du pays. De son côté, Maximilien, comprenant mal sa mission et oubliant les sages conseils de l'Empereur, ne tarda pas à mécontenter les classes qui lui avaient offert la couronne. Ses fautes et les progrès de l'insurrection contre laquelle nos troupes luttaient victorieusement sans pouvoir la détruire, obligèrent l'Empereur des Français à rappeler son armée.

On sait comment finit cette expédition si heureusement commencée. Trahi par les libéraux et les généraux de Juarès, auxquels il avait eu l'imprudence de se confier, le malheureux Maximilien périt sous les balles de ceux qu'il avait crus ses sujets fidèles, et il ne nous est resté de cette magnifique conquête que le souvenir de la bravoure de nos soldats et de l'habileté de leurs chefs.

L'envie et la calomnie ne pouvaient manquer de s'attaquer au plus illustre de tous. Bazaine, qui avait si admirablement rempli son rôle et n'était pour rien dans les fautes politiques qui avaient amené notre échec, en fut considéré comme la principale cause. Les plus odieuses accusations lui ont été prodiguées : c'était, disait-on, pour amasser et se conserver une immense fortune qu'il aventurait la vie de nos soldats ; c'était pour supplanter Maximilien qu'il le poussait dans une voie fatale et qu'il s'obstinait à éterniser cette guerre.

A ces infamies le défenseur de Bazaine a victorieusement répondu devant le conseil de guerre; mais alors le maréchal a dû regretter de les avoir trop longtemps dédaignées.

« Quant à l'argent, a dit son défenseur, c'est une calomnie qui ne soutient pas l'examen. Bazaine est parti pauvre, il est revenu de même. Il lui était échu un modeste héritage qu'il a dépensé là-bas. Le maréchal a épousé au Mexique une femme jeune et belle, appartenant à une des grandes familles du pays, mais elle était sans fortune. Elle avait reçu de l'empereur Maximilien une propriété comme cadeau de noce. On a voulu acheter cette propriété au maréchal, il a refusé de la vendre, comprenant que c'était un souvenir qui devait rester religieusement dans sa famille. Après la mort de Maximilien, la propriété a été confisquée. Voilà tous les trésors qu'il a rapportés du Mexique.

Bazaine a-t-il trahi l'empereur Maximilien et travaillé à sa chute? C'est Maximilien lui-même, c'est l'impératrice Charlotte, c'est leur père, le roi Léopold de Belgique, qui vont répondre, et, pour comprendre toute la signification de ces documents, rappelons-nous que le maréchal était au Mexique depuis 1862. Commençons par la lettre du roi.

« Laeken, le 29 août 1864.

« Monsieur le maréchal,

« Mes très-chers enfants, l'empereur Maximilien et l'impératrice Charlotte, me parlent sans cesse, dans les termes les plus chaleureux, des éminents services que Votre Excellence rend à l'empire mexicain et des preuves constantes de bienveillance qu'elle leur donne.

« Je prie Votre Excellence de me permettre de me joindre à eux dans l'expression de leurs sentiments et d'accueillir le témoignage de ma haute estime et des sentiments que je lui ai voués.

« Léopold. »

De son côté, l'empereur Maximilien lui écrivait :

« Penjamillo, le 7 octobre 1864.

« Mon cher maréchal et ami,

« C'est avec le plus grand plaisir que je viens d'apprendre à l'instant votre élévation au maréchalat. L'Empereur Napoléon le Grand, souverain toujours heureux et juste dans ses choix, sait récompenser les services éminents rendus à la patrie, et trouve avec un tact tout particulier les grands talents pour les grands postes.

« En vous distinguant par une si haute marque de faveur, l'Empereur comble les vœux de tous les bons Mexicains auxquels, en son nom, vous avez rendu la liberté et la paix et qui vous seront toujours reconnaissants. Une seule chose pourrait diminuer la joie que nous apporte cet heureux événement, ce serait le cas où il aurait pour conséquence de vous faire quitter notre patrie. J'espère que l'Empereur Napoléon ne privera pas le Mexique de services qui lui sont si nécessaires.

« En vous réitérant les félicitations les plus cordiales, je suis, mon cher maréchal,

« Votre très-affectionné,

« Maximilien. »

Plus tard, quelques mois après que Maximilien s'était vu frapper dans ses plus chères affections, il lui écrit :

« Alcazar de Chapultepee, 20 octobre 1866.

« Mon cher maréchal,

« J'ai été profondément touché des paroles de consolation et de deuil que vous venez de m'envoyer en votre nom et en celui de la maréchale. Je tiens à vous exprimer ma plus vive et profonde reconnaissance...

« C'est avec la plus grande confiance que je remets à votre tact le maintien de la tranquillité de la capitale et des points les plus importants qui sont, à cette heure, occupés par les troupes de votre commandement.

« Dans ces circonstances douloureuses et difficiles, je compte plus que jamais sur la loyauté et l'amitié que vous m'avez toujours témoignées. . . . . .

« Je vous réitère, ainsi qu'à la maréchale, ma vive gratitude pour les tendres sentiments qui ont fait tant de bien à mon pauvre cœur.

« Recevez, mon cher maréchal, les assurances de toute ma sincère amitié.

« MAXIMILIEN. »

Les lettres de l'impératrice Charlotte ne sont pas moins significatives. Ecoutons les élans de cœur qu'inspirent à cette jeune femme les nouveaux succès du maréchal Bazaine :

« Palais national, le 14 février 1865.

« Mon cher maréchal,

« Ne pouvant vous envoyer de couronne de lauriers, puisque vous venez de la cueillir vous-même, je suis heureuse que l'arrivée d'une grand'croix de son ordre de Léopold, que mon père m'a chargée de vous remettre, coïncide avec votre beau succès, et qu'ainsi il me soit possible de vous offrir un léger témoignage des sentiments que je ne partage pas seulement par obéissance filiale, mais aussi par estime pour vous.

« Je ne vous renouvelle pas mes félicitations, que l'empereur vous aura exprimées telles qu'elles ont jailli de notre cœur. Ce n'a pas été une surprise, car nous n'attendions pas moins, mais c'est un brillant et heureux événement. Maintenant, j'espère que nous vous verrons revenir en bonne santé, et je vous renouvelle, en attendant, avec plaisir, l'assurance de la sincère considération et estime avec laquelle je suis

« Votre bien affectionnée,

« CHARLOTTE. »

La mort de Maximilien ne changea rien aux sentiments de sa malheureuse veuve, comme on peut en juger par les deux lettres suivantes, écrites à la maréchale quand tout était fini :

« Laeken, 23 mars 1868.

« Ma chère maréchale,

« J'ai vu, par l'expression des sentiments que vous me manifestez dans votre lettre, que vous vous associez à l'immense douleur qui remplit mon âme, et je veux vous dire toute ma gratitude. Quant à moi, j'ai toujours pris un vif intérêt à tout ce qui vous touche, depuis le jour où j'ai vu commencer votre félicité d'épouse au pied de l'autel.

« Je suis heureuse d'apprendre que votre fils aîné, mon filleul, se développe et que vous en avez eu un autre.

« J'espère que la divine Providence vous conservera tous les bonheurs dont vous jouissez et les augmentera même, si cela est possible.

« Votre affectionnée,

« CHARLOTTE. »

« Laeken, 18 juin 1868.

« Ma chère maréchale,

« J'ai reçu avec plaisir et entière satisfaction vos deux dernières et affectueuses lettres ; mes bons souvenirs au maréchal et à votre mère.

« Je suis très touchée du service funèbre que vous devez faire faire demain pour mon empereur adoré, dans la chapelle (celle des ducs de Lorraine, à Nancy), où reposent ses chevaleresques ancêtres, parmi lesquels un grand nombre combattirent et versèrent leur sang pour la France.

« Dites au maréchal que mes prières s'uniront avec les vôtres. Je vous envoie une médaille de la très sainte Vierge pour mon filleul; vous la lui mettrez au nom de sa marraine; elle a été bénie par le Saint-Père.

« Je reste, avec une constante amitié, ma chère maréchale,

« Votre affectionnée,

« CHARLOTTE. »

Il n'y a pas un mot à ajouter. Le maréchal Bazaine est vengé des calomnies qu'on lui a prodiguées avec tant d'audace; il a fait son devoir au Mexique; l'empereur Maximilien en dépose, et cette pauvre impératrice le dit dans des termes trop touchants pour qu'on puisse les révoquer en doute.

A l'accusation d'avoir voulu prolonger la guerre du Mexique, malgré les ordres formels de l'Empereur des Français, c'est l'Empereur lui-même qui va répondre :

« Paris, 12 août 1866.

« Mon cher maréchal, j'ai décidé, d'après vos propres avis, que la rentrée des troupes en France s'exécuterait de la manière suivante :

(Suivent les ordres d'exécution.)

« Dans cette position, je crois que votre présence au Mexique n'est plus indispensable, et j'ai dit au ministre de la guerre de vous autoriser à rentrer en France quand vous le jugerez convenable... »

Veut-on savoir, maintenant, ce que le souverain pensait du maréchal? L'Empereur ajoute :

« Je n'ai pas besoin de vous dire combien je serai heureux de vous revoir et de vous témoigner de vive voix toute ma reconnaissance pour votre conduite au Mexique.

« Croyez, mon cher maréchal, à ma sincère amitié.

« NAPOLÉON. »

Ecoutons encore la parole d'un maréchal de France, du ministre de la guerre alors, de l'illustre maréchal Niel. Il y avait eu certaines intrigues dont le maréchal Bazaine avait souffert; il s'en était plaint au ministre, en lui faisant part de l'émotion qu'il en devait éprouver, et le maréchal Niel lui répond :

Paris, 13 février 1867.

« Mon cher maréchal,

« La lettre que vous m'avez adressée pour être mise sous les yeux de l'Empereur m'a profondément affligé. Votre belle carrière, les grands services que vous avez rendus au Mexique et la haute dignité que l'Empereur vous confère vous placent, croyez-le bien, au-dessus de toutes les accusations qui vous préoccupent. C'était l'opinion du maréchal Randon, qui m'a précédé au ministère de la guerre, comme c'est la mienne. Nous vous aurions défendu l'un comme l'autre, s'il en eût été besoin.

« Mais je dois vous dire que l'Empereur est toujours resté à votre égard dans les sentiments de bienveillance et de confiance dont il vous a donné des preuves éclatantes; qu'il voit avec satisfaction l'ordre et la précision avec lesquels vous retirez vos troupes, et qu'à votre retour, vous recevrez de Sa Majesté l'accueil qu'ont le droit d'espérer ceux qui l'ont le mieux servi.

« Le Mexique a pu vous causer des déceptions politiques, mais la réputation de votre armée n'a fait qu'y grandir; toutes les opérations difficiles et si lointaines que vous avez entreprises ont été couronnées de succès, et les mouvements combinés de vos troupes, qui se retirent avec un ordre si parfait, sont un nouveau témoignage de votre habileté.

« Quand les faits parlent si haut, ne vous occupez pas, mon cher maréchal, des critiques, etc.

« Recevez, mon cher maréchal, l'expression de ma haute considération et de mes sentiments affectueux.

« Maréchal NIEL. »

Après de tels témoignages, que reste-t-il des calomnies qui ont essayé de flétrir la conduite du maréchal Bazaine au Mexique? Rien, si ce n'est la honte pour ses accusateurs.

L'Empereur ne cessa de lui donner des marques de la plus absolue confiance dans ses talents et sa fidélité. A peine revenu en France, en mars 1867, avec les dernières troupes de l'expédition mexicaine, il prenait le commandement du 3e corps d'armée, dont le siége était à Nancy.

Pendant son séjour dans cette ville voisine de l'Allemagne, il s'occupa avec une sollicitude toute particulière, qui semblait être une prévision de son patriotisme, de l'état de nos fortifications sur les différents points de notre frontière de l'Est, et il n'a pas tenu à lui que tous ces points ne fussent mis en parfait état de défense. L'Empereur, à qui il faisait souvent part de ses préoccupations et de ses projets, les approuvait complétement; mais que faire contre l'obstination d'une Chambre qui refusait d'ouvrir les yeux sur les dangers du pays et repoussait toutes les demandes de crédit destinées à les prévenir?

En 1869 Bazaine commandait le camp de Châlons, et la même année, au mois d'octobre, quand le maréchal Regnault de Saint-Jean-d'Angély se fut démis, pour cause de santé, de son commandement en chef de la garde impériale, l'Empereur le mit à la tête de ce corps d'élite.

Est-ce ainsi qu'un souverain traite un général dont il croit avoir à se défier ?

Arrive la guerre de 1870, où Bazaine devait bientôt jouer le principal rôle.

Personne, aujourd'hui, n'ignore que l'Empereur, pas plus que la France, ne voulait cette guerre fatale, et que ce n'est pas seulement l'ambition de la Prusse qu'il faut en accuser, mais encore et surtout la conduite de notre opposition, qui, pendant quatre ans, n'a cessé d'y pousser le gouvernement, tout en lui refusant les moyens de la soutenir.

Pour lutter victorieusement contre un ennemi qui depuis Iéna, se préparait à nous attaquer, et qui, après avoir vaincu l'Autriche, disposait contre nous d'une armée de *douze cent mille* hommes, il fallait pouvoir lui en opposer autant. Vainement l'Empereur, qui connaissait le danger, fit supplier la Chambre de le mettre en mesure de le conjurer. Cédant aux déclamations des députés de la gauche, dont les noms resteront éternellement accolés au souvenir de nos désastres, la Chambre refusa impitoyablement et les soldats et les armes qui devaient nous sauver ; et quand il fallut marcher contre cette masse formidable d'Allemands qui déjà garnissaient notre frontière, nous n'avions à mettre en ligne qu'une armée de deux cent mille hommes. Cette armée était, sans doute, composée des premiers soldats du monde ; mais que pouvait-elle en présence d'un ennemi trois fois supérieur en nombre qui tomba sur elle au moment même de sa formation ?

Bien que surprises dans leurs premiers cantonnements, nos troupes se montrèrent dignes de leur vieille renommée. On connaît la lutte héroïque que soutint toute une journée, près de Wissembourg, le général Abel Douai, avec une division de cinq mille soldats français contre plus de vingt-cinq mille Allemands, et comment il sut mourir pour ne pas survivre à sa défaite. La bataille de Reischoffen, où Mac-Mahon fut accablé par une armée double de la sienne et où nos cuirassiers se sont couverts d'une gloire immortelle, avait coûté cher à l'ennemi; il en était de même de la bataille de Forbach, livrée avec la même bravoure de la part des soldats et des chefs, et qui ne fut perdue que par suite de la faiblesse du IIe corps (général Frossard) devant les masses qu'il eut à combattre.

On a reproché au maréchal Bazaine de n'avoir pas soutenu ce général qui venait d'être placé sous son commandement; mais les ordres donnés par Bazaine à deux divisions de son corps de se porter au secours du général Frossard et les dépositions des chefs qui les reçurent, aussi bien que le témoignage du général lui-même, prouvent que cette accusation n'est qu'une calomnie. La vérité est que le maréchal Bazaine fit tout ce qu'il fallait faire; mais que la soudaineté de l'attaque des Prussiens, préparée longtemps à l'avance, rendit inutiles les secours du troisième corps d'armée.

Ces échecs arrivés, coup sur coup, au début de la campagne, avaient produit en France et sur le moral des troupes un fâcheux effet. L'Empereur sentit la nécessité de se rapprocher de Paris pour imprimer une plus grande activité à la réunion des soldats en congé à ceux de la réserve et aux bataillons de mobiles qui s'organisaient sur tous les points du pays. Mais, avant de quitter l'armée du Rhin, il ordonna à tous les corps qui la composaient de se concentrer autour de Metz, et, le 12 août, dix jours après nos défaites de Forbach et de Reischoffen, cédant à la fois à la pression de l'opinion publique et à celle qu'il avait lui-même des capacités supérieures du maréchal Bazaine, il lui confia le commandement en chef de cette armée.

Les ennemis du maréchal ont prétendu qu'il n'avait dû cette haute position qu'à ses intrigues près du gouvernement et aux instances des députés de la gauche, qui comptaient sur lui pour les aider à renverser l'Empire. Cette supposition infamante n'a pas tenu devant les faits. Bazaine ne fit qu'obéir aux ordres de son souverain. Les personnages qui touchaient de plus près à l'Empereur l'ont formellement déclaré devant le conseil de guerre.

« Tout ce que j'ai pu savoir, a dit M. Rouher, c'est « que le maréchal Bazaine a obéi à un ordre et n'a « pas recherché le commandement en chef de l'armée « du Rhin. »

« Je sais par l'Empereur, a déclaré le maréchal Lebœuf, que le maréchal Bazaine fit en ce moment « quelques difficultés, objectant que, comme com- « mandant en chef, il aurait sous ses ordres des « maréchaux plus anciens que lui, Canrobert et « Mac-Mahon. Mais l'Empereur a passé outre, et le « maréchal Canrobert fut le premier à dire qu'il serait « heureux de servir sous les ordres du maréchal « Bazaine. »

L'opposition, il est vrai, se montrait alors fort empressée à exalter les mérites de celui qu'elle appelait *le glorieux Bazaine* et à réclamer pour lui le commandement en chef. Ce fut le commencement des malheurs du maréchal. Comme les harpies, l'opposition a le don de souiller tout ce qu'elle touche. On crut à une sorte d'entente entre les députés de la gauche et le Maréchal. Ses accusateurs en ont pris prétexte pour porter cette odieuse accusation jusque devant le Conseil de guerre, et plusieurs des partisans de l'empire s'y sont laissé prendre.

Les débats ont, sur ce point, pleinement justifié le

Maréchal, et s'il avait pu rester quelques doutes dans les esprits, ils auraient disparu devant les démentis donnés à M. de Kératry par le général de Palikao, devant la déposition de M. Schneider, président du Corps législatif, qui atteste que, « de tous les hommes con- « sidérables avec lesquels il s'est entretenu de cette « guerre, nul mieux que le maréchal Bazaine ne lui en « a signalé les difficultés, et qu'il lui paraît impossible « que le maréchal ait eu recours à aucune intrigue, « pour en assumer la terrible responsabilité; » enfin, devant la déclaration de M. Jules Fâvre lui-même, affirmant : « qu'il n'y avait jamais eu, *ni de près ni de loin*, la moindre entente entre le maréchal Bazaine et l'opposition, pour arriver à l'investir du commandement. »

Ajoutons que les antécédents du maréchal et son caractère connu, qui n'ont jamais permis de lui supposer pour les entrepreneurs de révolution que l'aversion et le mépris qu'ils méritent, suffisaient pour rendre toute alliance entre eux et lui impossible.

Il en eût été, d'ailleurs, étrangement recompensé! Ne sont-ce pas les coryphées du 4 septembre, Gambetta en tête, qui, les premiers, l'ont *accusé* de trahison, non pas envers l'Empire, mais envers leur République, et qui n'ont cessé, dans leurs discours et leurs journaux, de le poursuivre de leurs ignobles outrages jusqu'au moment suprême où leur victime a succombé ?

C'est le 12 août, que le maréchal fut investi du commandement en chef de l'armée du Rhin, et ce fut seulement dans la journée du 13, qu'il put commencer à en exercer les fonctions. Il avait eu à peine le temps de se mettre au courant des dispositions prises avant lui, lorsqu'il fut obligé de tout préparer pour se conformer aux nouvelles exigences de la situation.

Avant de quiter Metz, l'Empereur lui avait témoigné le désir de voir la seule armée dont la France pouvait alors disposer se rapprocher de l'intérieur. Bazaine prit immédiatement ses mesures en conséquence. Dès le 14 au matin, l'armée était sur pied. Il lui fallait d'abord passer sur la rive gauche de la Moselle, puis franchir les hauteurs de Gravelotte, d'où elle s'avancerait sur la route de Verdun. Malheureusement, une crue subite de la rivière détruisit les ponts, inonda leurs abords, et le passage ne put s'effectuer que vers midi. Trois corps d'armée seulement avaient pu franchir la Moselle. Le troisième corps, qui était encore sur la rive droite, fut alors violemment assailli par une grande partie de l'armée prussienne, et le maréchal se vit forcé de rappeler les autres corps pour le soutenir. L'engagement devint bientôt général. Nos troupes y déployèrent une bravoure et une solidité sans égales. Le général Decaen, qui y commandait le troisième corps, y fit preuve d'un rare talent; il s'y couvrit de gloire, mais y trouva la mort. Dans ce combat du 14, qui prit le nom de bataille de Borny, et qui dura depuis midi jusqu'à neuf heures du soir, le maréchal Bazaine, toujours au premier rang, au milieu des boulets et des balles, donnait à tous l'exemple d'un imperturbable sang-froid et du plus héroïque courage. C'est là qu'un éclat d'obus le frappa à l'épaule et l'eût tué sans son épaulette. (*Gravure.*)

« J'ai eu l'honneur, a dit le général Bourbaki, de « voir le maréchal en personne, le 14; je l'ai vu également le 16, et je déclare qu'il est impossible d'avoir « la figure plus calme et l'attitude plus ferme... Sa « bravoure était telle qu'il se trouvait en première « ligne, ce qui était un peu gênant pour nous, parce que « nous ne savions jamais où le prendre. »

L'armée tout entière a été témoin de son héroïque bravoure.

« Nous étions, dit le capitaine Chasseloup-Laubat, « couchés au bord de la route sous une grêle de

BAZAIN

Le 14 août 1870, les 2e, 3e, 4e corps et la garde, placés sous le commandement du maréchal Bazaine, reçurent l'ordre de passer sur la rive gauche. Vers les quatre heures de l'après-midi, l'avant-garde de la 2e armée prussienne commandée par le vieux général de Steinmetz, engagea le combat avec les arrière-gardes du 3e corps (général Decaen).

L'attaque fut si impétueuse que nos troupes durent arrêter leur mouvement et faire face à l'ennemi.

Ce fut un insuccès pour les envahisseurs, Steinmetz fut disgracié.

L'audace de l'armée prussienne, en

BATAIL

Le maréchal Bazaine reçoit un éc

1

BLESSÉ

DE BORNY

obus à l'épaule. — (Dessin de M. Beaucé.)

cette occasion a égalé la rare intrépidité de nos troupes; le maréchal Bazaine donna l'exemple du sang-froid et des preuves de cette bravoure chevaleresque si hautement reconnue même par ses adversaires.

Notre gravure le représente au moment où, écrasés par la mitraille, les soldats ont besoin de la parole de leurs chefs pour redoubler d'efforts; Bazaine entouré de ses officiers, est frappé à l'épaule par un éclat d'obus; le choc est amorti par l'épaulette.

Le maréchal, quoique gravement contusionné, continue à donner ses ordres et à assurer le succès.

« mitraille, lorsqu'un obus vint frapper un arbre au « pied duquel se tenait le maréchal. Nous fûmes « saisis, à la fois, de crainte et d'admiration en voyant « qu'il ne bougeait pas. A cette vue, plusieurs de mes « hommes se sont écriés : *C'est égal, le maréchal est* « *un dur à cuire.* »

Le capitaine Gudin, qui faisait partie de son état-major et l'accompagnait partout, dit que « le maré- « chal faillit être tué deux fois ce jour-là. La pre- « mière, c'était vers deux heures. L'arbre auquel il « était adossé fut coupé par un obus à quelques cen- « timètres au-dessus de sa tête, le soir, un autre « obus lui frôla la poitrine, et nous crûmes que c'en « était fait de lui. »

Le résultat de la bataille de Borny fut à l'avantage de nos troupes, qui continuèrent, sans être inquiétées, leur mouvement de retraite.

Le 15, un nouveau combat s'engage, mais seulement contre deux de nos divisions d'avant-garde. Le 16, sur les hauteurs de Rezonville et de Gravelotte, toutes nos troupes sont engagées.

Cette bataille commença dès les neuf heures du matin et se prolongea jusqu'à la nuit. Elle fut une des plus sanglantes de ce siècle et jamais nos soldats, quoique inférieurs en nombre, et leurs chefs intrépides, ne se montrèrent plus dignes de vaincre. Dans cette journée, comme à Borny, Bazaine exposa vingt fois sa vie ; il faillit même être pris par une troupe de hussards qui déjà l'avaient enveloppé et ne leur échappa que grâce à son sang-froid et au dévouement des officiers de son état-major qui chargèrent et dispersèrent les cavaliers ennemis. Parmi ces officiers étaient les deux neveux du maréchal ; l'un tua deux Prussiens à coup de sabre, l'autre fut renversé sous son cheval par un éclat d'obus. Nous y avons fait des pertes cruelles; mais nos ennemis les ont rudement payées. Le champ de bataille était couvert de monceaux de leurs morts. Cependant nous dûmes nous contenter de garder nos positions, le défaut de munitions et de vivres ne nous permettant pas de poursuivre immédiatement nos avantages.

En rendant compte à l'Empereur de cette glorieuse journée, le maréchal lui dit :

« Sire, ce matin, à neuf heures, l'ennemi a attaqué
« la tête de nos campements à Rezonville. Le combat
« a duré jusqu'à huit heures du soir; cette bataille a
« été acharnée, nous sommes restés sur nos posi-
« tions après avoir éprouvé des pertes sensibles..... »
« La grande consommation qui a été faite de muni-
« tions d'artillerie et d'infanterie, la seule journée de
« vivres qui restait aux hommes m'ont obligé à me
« rapprocher de Metz pour réapprovisionner le plus
« vite possible nos pièces et nos convois. »

Que pouvait faire de plus le maréchal à la fin de cette sanglante journée ? Pousser en avant, disent les accusateurs ! traverser les lignes ennemies et se porter rapidement sur Verdun; cela est bientôt dit et ressemble beaucoup plus à la stratégie des généraux de Gambetta, qu'à celle des militaires sérieux.

Etait-il possible de marcher en avant après une bataille sanglante où tous nos corps avaient donné, qui nous avait coûté un si grand nombre de soldats et d'officiers et n'avait laissé à l'armée des munitions et des vivres pour une nouvelle journée ? Un risque-tout l'aurait peut être tenté, un général, prudent ménager du sang de ses soldats, ne pouvait se le permettre. Tel fut d'ailleurs l'avis des chefs de corps, et des principaux généraux qu'un d'entre eux résumait ainsi :

« Etait-il sage et possible, le 17, de marcher en
« avant ? marcher en avant sans avoir détruit l'armée
« du prince Frédéric-Charles, c'était courir un grand

« hasard, peut-être que Condé l'eût fait ; mais je ne « crois pas que le sage Turenne eût agi ainsi. »

Une autre considération de la plus haute gravité commandait à ce moment une extrême sagesse. Les dernières paroles de l'Empereur en quittant le maréchal Bazaine, le 16 au matin, avaient été : « Surtout, mon cher maréchal, ne compromettez pas cette armée par une offensive aventureuse ; vous connaissez notre situation à l'extérieur. »

L'Empereur par ces paroles faisait allusion à l'état de nos relations diplomatiques qui nous faisaient un devoir de la prudence.

Bazaine résolut donc de faire prendre à l'armée une position défensive plus rapprochée de Metz, non dans le but de renoncer à la lutte, mais au contraire pour la recommencer dans de meilleures conditions tactiques.

En effet, dès le lendemain, 18, la bataille de Saint-Privat fut engagée, elle dura tout le jour avec des péripéties différentes, nos troupes y déployèrent le même héroïsme que dans les combats précédents. Le 6e corps, commandé par le maréchal Canrobert, y fit des prodiges de valeur, mais le soir, accablé par la mitraille et pliant sous le nombre des ennemis qui avaient concentré sur lui tous leurs efforts, il fut obligé d'abandonner une position qu'il avait si glorieusement défendue.

Bazaine était-il responsable de cet échec ? Ses accusateurs lui en ont fait un crime. Il aurait selon eux parfaitement connu la position fâcheuse du 6e corps et aurait sciemment refusé de lui envoyer les renforts et les munitions dont il avait besoin ! Mais ne voit-on pas que, si cette accusation eût eu le moindre fondement, le maréchal Canrobert, qui commandait ce corps et le général Bourbaki, placé en réserve pour le soutenir n'auraient pas manqué de la confirmer devant le conseil de guerre, et que s'ils n'en ont rien fait, c'est qu'ils la considéraient avec raison comme une nouvelle calomnie! Le 18 août, c'est le nombre et et non la valeur qui l'emporta. La victoire est aux gros bataillons, jamais axiome militaire ne fut mieux démontré. Nos soldats luttaient contre des forces triples d'infanterie, et quadruples d'artillerie; s'ils ne purent vaincre, ils surent au moins mourir pour la patrie.

Après la bataille de Saint-Privat, l'armée, qui avait déjà perdu près de 40,000 hommes dans les batailles précédentes, se retira sous la protection des forts pour refaire ses cadres et reconstituer ses approvisionnements d'artillerie.

Dans cet intervalle, l'Empereur et le maréchal de Mac-Mahon s'étaient rendus à Châlons, pour y réunir les débris de nos corps précédemment battus, et tout ce qui pouvait y arriver de bataillons mobiles, de soldats en congé, des dépôts et de la réserve. On espérait ainsi former, en quelques semaines, une armée de deux à trois cent mille hommes, capables de protéger Paris et de repousser les armées envahissantes à mesure qu'elles se présenteraient.

Mais depuis le rétablissement du gouvernement parlementaire, qui fut la première cause de nos malheurs, il fallait compter avec la Chambre, qui imposait ses volontés au ministère de la Régence, et avec la Gauche, qui menait la Chambre. C'est sous cette double pression, que le gouvernement ordonna à Mac-Mahon de marcher en toute hâte au secours de Bazaine avec une armée composée de troupes sans consistance, et dont une partie était démoralisée par le souvenir de ses premières défaites. L'Empereur n'avait plus le droit de donner des ordres, et s'était froidement résigné à rester au milieu de ses soldats et à partager leur sort. Le seul act d'autorité qu'il fit avant de quitter Châlons fut de nommer, sur les instances de son entourage, mais avec une instinctive répugnance, le trop fameux Trochu gouverneur de Paris. C'était introduire le loup dans la bergerie pour en garder le troupeau.

On connaît la manière dont cet étrange gouverneur remplit sa mission de haute confiance envers l'Empereur et l'impératrice ainsi qu'envers cette grande ville, à laquelle il avait juré de ne jamais capituler. On sait aussi à quel effroyable désastre aboutit la marche sur Sedan de l'armée de Mac-Mahon, l'intrépidité stoïque avec laquelle l'Empereur affronta les obus et les balles sur le champ de bataille et la sublime résignation avec laquelle cette auguste victime se dévoua pour sauver la vie à 80,000 enfants de la France ; les ignobles injures dont les héros du 4 septembre l'ont accablé n'ont pu et ne pourront en effacer le souvenir.

Enfermé dans son camp sous Metz par un ennemi dont le nombre grossissait chaque jour, Bazaine était alors sans nouvelles de ce qui se passait dans le reste de la France. Dès le lendemain de la bataille de Saint-Privat, toutes les communications se trouvèrent interceptées. Bazaine ne voulut cependant pas rester immobile. Le 26, il avait fait tout préparer pour une attaque générale. Son intention était de se diriger cette fois non sur Verdun, mais sur Thionville, et déjà les troupes étaient en marche pour occuper leur position de combat, lorsqu'une pluie diluvienne, qui fouettait la figure de nos soldats et détrempait les terres, força le maréchal à suspendre le mouvement. En cet instant, il reçut la visite des commandants en chef de l'artillerie et du génie, qui le supplièrent de renoncer à son projet.

« Monsieur le maréchal, lui disaient-ils, la sortie que vous voulez faire deviendra fatale à votre armée; si vous sortez, Metz est livré, Metz, la ville importante, un des remparts de la France. Les forts ne sont pas en état ; il nous faut bien des jours pour pouvoir être prêts ; notre devoir militaire, à nous commandants de la ville, de l'artillerie et du génie, est d'appeler l'attention du commandant en chef sur les périls de sa tentative. »

Devant de telles instances faites par des hommes d'une incontestable autorité, le maréchal Bazaine crut devoir soumettre la situation à tous ses chefs de corps. Il réunit donc en conférence les maréchaux Canrobert et Lebœuf, les généraux Frossard, Ladmirault et Bourbaki avec Coffinières et Soleille pour avoir leur avis. Tous s'accordèrent à déclarer qu'une sortie était, en ce moment, des plus difficiles et des plus périlleuses, qu'il valait mieux ramener l'armée sous Metz et réserver les forces pour des circonstances plus favorables. Que pouvait faire de plus sage le maréchal Bazaine que de se conformer à l'avis unanime des commandants sous ses ordres, et comment lui imputer le crime de n'avoir pas fait massacrer inutilement des soldats?

La position s'aggravait chaque jour, et l'absence de nouvelles du dehors ajoutait encore à l'anxiété du maréchal ; vainement il avait envoyé messager sur messager, officier sur officier, pour donner et rapporter des renseignements, aucun ne revint avant le 29 août. Ce jour-là seulement, il reçut une dépêche lui annonçant que Mac-Mahon marchait à son secours.

Malheureusement, cette dépêche du 22 avait huit jours de date, et dans cet intervalle, que s'était-il passé ? Quelle direction Mac-Mahon avait-il prise ? Ce ne fut que le lendemain 30 qu'une dépêche du général Ducrot l'informa de l'arrivée de l'armée de secours dans le voisinage de Sedan.

Les accusateurs du maréchal ont prétendu que la dépêche du 22 lui aurait été remise le 23, mais qu'il l'aurait cachée à ses chefs de corps pour laisser écraser Mac-Mahon, renverser l'Empire et s'emparer lui-même du pouvoir, Une pareille imputation n'est pas moins absurde qu'odieuse. Le seul témoin sur lequel elle repose a oublié que la dépêche était en chiffres, le maréchal n'avait pu la lui lire en la recevant; d'ailleurs, comment expliquer que cet ambitieux, que l'on prétend si habile, aurait communiqué à un tiers une dépêche qu'il aurait eu tant d'intérêt à tenir secrète ? Les débats ont prouvé que le témoin avait confondu les dates dans son souvenir et pris le 29 août pour le 23.

D'un autre côté, une dépêche dans laquelle le maréchal Bazaine prévenait le maréchal de Mac-Mahon de ne faire aucun mouvement avant d'en recevoir l'avis n'arriva jamais à sa destination. Si cette dépêche était parvenue à son adresse, nous évitions peut-être bien des désastres, mais la fatalité s'acharnait après la France et ne devait l'abandonner que souillée par la révolution et mutilée par un vainqueur impitoyable.

Aussitôt qu'il fut informé de l'approche de Mac-Mahon, le maréchal Bazaine ne perdit pas une minute pour attaquer l'ennemi et tenter d'enfoncer ses lignes. Toute la journée du 31 août et celle du 1er septembre, l'armée du Rhin s'épuisa en efforts pour se frayer un passage et aller rejoindre celle qui venait la délivrer. Hélas! en ce moment même l'armée de Châlons en était réduite à déposer les armes, et les troupes de Bazaine se voyaient avec désespoir condamnées à rentrer dans leur camp.

La nouvelle du désastre de Sédan, qui aurait dû imposer silence aux partis et réunir tous les Français dans un immense élan de patriotisme, fut accueillie par les uns avec une morne stupeur et par les autres avec une joie qui fera leur éternelle honte. Le gouvernement, autour duquel tout le monde aurait dû se grouper pour sauver le pays et dont le premier devoir était de faire emprisonner ou fusiller les chefs de l'insurrection qui se préparait, absorbé par les soins de la défense et laissa le champ trop libre aux perturbateurs. C'est alors qu'on vit une poignée d'ambitieux, appuyés sur des bandes d'émeutiers, proclamer la déchéance de l'élu de la nation, se mettre à sa place et profiter de nos malheurs pour accomplir devant l'ennemi la plus détestable révolution qui fut jamais.

Quelle terrible situation de pareils événements faisaient au maréchal Bazaine et à son héroïque armée! Dès le lendemain de Sédan, les hourras poussés par les Prussiens qui l'entouraient lui avaient révélé notre défaite; mais quelles en avaient été les suites? qu'était devenu l'Empereur? que s'était-il passé à Paris et dans le reste de la France?

Le malheureux maréchal l'ignorait. C'est seulement vers le milieu de septembre qu'il apprend de la bouche d'un officier français toute l'étendue de notre désastre. A Sédan, l'armée a été battue, l'Empereur est prisonnier; l'empire a été renversé et les chefs de l'insurrection triomphante, les députés de Paris avec le gouverneur de cette ville à leur tête, se sont emparés du pouvoir suprême.

En présence de ces faits, quelle pouvait être la conduite de Bazaine? Elle lui était tracée par son patriotisme. Malgré la douleur dont il était accablé, malgré son peu de confiance dans les sinistres héros du 4 septembre, malgré l'horreur que lui inspirait leur crime, il ne voulut pas se faire leur juge. Il ne songea en ce moment qu'à ses devoirs et à ceux de son armée envers la France.

L'ordre du jour suivant, qu'il adressa le 10 septembre à l'armée du Rhin, en est une preuve incontestable :

« Généraux, officiers et soldats,

« D'après deux journaux français des 7 et 10 septembre, apportés au grand quartier général par un prisonnier français qui a pu franchir les lignes ennemies, l'Empereur Napoléon aurait été interné en Allemagne après la bataille de Sédan, et l'Impératrice, ainsi que le prince Impérial, ayant quitté Paris le 4 septembre, un pouvoir exécutif, sous le titre de : Gouvernement de la Défense nationale, s'est constitué à Paris. »

Suivent les noms des membres du Gouvernement de la Défense.

Et le maréchal termine ainsi :

« Nos obligations militaires envers la patrie en danger restent les mêmes. Continuons donc à la servir avec dévouement et la même énergie, en défendant son territoire contre l'étranger, l'ordre social contre les mauvaises passions. Je suis convaincu que votre moral, ainsi que vous en avez déjà donné tant de preuves, restera à la hauteur de toutes les circonstances, et que vous ajouterez de nouveaux titres à la reconnaissance et à l'admiration de la France. »

En même temps que le maréchal tenait à ses troupes ce mâle et patriotique langage, les autorités de la ville de Metz adressaient à la population la proclamation suivante :

« 13 septembre.

« Habitants de Metz,

« L'armée qui est sous vos murs, et qui a déjà fait connaître sa valeur et son héroïsme dans les combats de Borny, de Gravelotte, de Servigny, ne nous quittera pas ; elle résistera avec nous aux ennemis qui nous entourent, et cette résistance donnera au Gouvernement le temps de créer les moyens de sauver la France, de sauver notre patrie. »

Et les membres du Conseil municipal répondaient que cet appel au patriotisme des habitants avait trouvé parmi eux un écho unanime. Ils ajoutaient :

« L'armée qui campe sous nos murs nous a donné l'exemple d'une héroïque bravoure : notre énergie, si la lutte s'engage, s'efforcera d'imiter son courage ;

comme nous comptons sur elle et sur son *vaillant chef...* »

Ils donnaient au maréchal le titre de *Vaillant chef,* mais alors l'esprit de parti et la calomnie n'avaient pu encore étouffer la voix de la vérité.

A partir de ce moment, aucune nouvelle de France n'est arrivée à l'armée. L'anxiété du maréchal augmentait chaque jour. Une révolution inouïe venait d'éclater en France et de constituer un gouvernement avec lequel il n'avait aucune communication, qui ne lui faisait parvenir ni ordres ni renseignements d'aucune sorte. Qu'était devenu ce gouvernement sorti de l'émeute ? une autre émeute ne l'avait-elle pas renversé ? La France l'avait-elle reconnu ou, dans sa juste indignation, l'avait-elle étouffé ? L'ennemi, profitant de sa victoire s'était-il avancé jusqu'à Paris ? Le pays avait-il pu lever et équiper de nouvelles forces pour lui résister ? Les puissances neutres nous avaient-elles abandonnés à notre malheureux sort ou bien s'occupaient-elles de nous ménager une paix honorable ? Qu'on se figure le maréchal se posant toutes ces questions et ne pouvant y répondre ; qu'on tienne compte surtout de l'effrayante responsabilité d'un chef qui commandait la seule armée organisée qui restât à la France, l'unique espoir de la patrie, et l'on se fera une idée de l'impatience avec laquelle il attendait des renseignements et en demandait à tous ceux qui pouvaient lui en procurer.

On lui a fait un crime d'en avoir demandé au chef de l'armée prussienne, mais à qui pouvait-il s'adresser, puisque rien ne lui arrivait du côté de la France. De quelque part qu'elle vînt la lumière n'était-elle pas cent fois préférable à cette nuit profonde qui l'enveloppait, et quel général à sa place aurait hésité à en faire autant ?

Les nouvelles que lui envoya le prince Frédéric-Charles ne faisaient d'ailleurs que confirmer celles que le maréchal avait reçues quelques jours auparavant : la défaite de Sedan, les capitulations de nos troupes, l'emprisonnement de l'Empereur, la retraite de l'Impératrice et du Prince Impérial en Angleterre et la proclamation de la République ; mais elles ajoutaient que cette République, au lieu d'avoir été proclamée par les représentants du pays, l'avait été par les émeutiers de l'Hôtel-de-Ville, qu'elle n'avait point été ratifiée par le pays et que les puissances étrangères ne l'avaient pas reconnue ; qu'enfin, ce qui était important à savoir, le roi de Prusse avait continué sa marche de Sedan sur Paris, sans rencontrer *des forces militaires devant lui.*

Ces renseignements, quoique venus d'un ennemi, étaient trop vraisemblables pour que Bazaine pût les révoquer complétement en doute; ils ne firent que le confirmer dans sa résolution de ménager désormais ce qui restait de forces et de ressources à son armée pour qu'elle fût en état de rendre un dernier service à la France, ne fût-ce qu'en immobilisant devant Metz une partie considérable des meilleures troupes allemandes. Cette résolution était d'ailleurs conforme à la situation politique de notre malheureux pays et à ce que le maréchal considérait comme son devoir militaire. En mai 1870, l'empire venait d'être acclamé de nouveau par la nation entière, il était donc le gouvernement légitime de la France, et c'est à lui que Bazaine et son armée avaient prêté serment. La République, au contraire, n'était sortie que de l'attentat du 4 septembre, que le pays n'avait point ratifié et sur lequel ses coupables auteurs s'étaient bien gardés de le consulter ; sans vouloir s'insurger contre un fait qui, d'ailleurs, était hors de son action, Bazaine crut de son devoir de rester fidèle à son serment jusqu'à ce que la nation l'en eût relevé, et si tout le monde eût suivi son exemple, bien des calamités auraient été épargnées à la France.

C'est sur ces entrefaites qu'une sorte d'aventurier

ambitieux, nommé Régnier, qui se disait porteur de propositions de la part de M. de Bismark et de l'Impératrice, lui fut annoncé. En ce qui concerne l'Impératrice, Régnier mentait. Cette noble souveraine avait refusé de le recevoir ; mais il était muni d'une autorisation de M. de Bismark pour circuler à travers les armées allemandes et il apportait d'Angleterre une photographie derrière laquelle le prince impérial avait signé son nom. De pareille pièces n'étaient pas suffisantes pour inspirer confiance à un homme comme le maréchal ; cependant il ne lui était pas permis, dans le malheureux état des choses, de repousser aucune planche de salut, quelle que fût la main qui la lui tendait. Le seul point qui lui parût mériter quelque attention dans la conversation de Régnier fut le désir qu'il se disait chargé d'exprimer de la part de l'Impératrice de voir le maréchal Canrobert ou le général Bourbaki pour conférer avec eux sur les meilleurs moyens de sauver l'armée de Metz et la France. Bazaine mit ces deux généraux en présence de Régnier. Canrobert refusa, s'excusant sur sa santé, et Bourbaki se décida à partir. On connaît les déceptions de ce voyage, les patriotiques réponses de l'Impératrice, le retour de Bourbaki, qui apprend au gouvernement de Tours le triste état de l'armée de Metz ; mais M. Gambetta ne songeait pas plus, à ce moment, à sauver l'armée de Metz, « un nid de Bonapartistes, » que Jules Favre ne devait penser, en signant sa honteuse capitulation, à sauver cette malheureuse armée de l'Est qui, faute de vêtements et de munitions, succomba au milieu des neiges des montagnes du Jura.

Le sort de l'armée du Rhin allait être pire encore : dès la fin de septembre on pouvait prévoir qu'avant trois semaines les vivres lui manqueraient et que la famine la forcerait à se rendre.

Le maréchal Bazaine, qui connaissait mieux que personne cette triste situation, se décide à en conférer avec ses compagnons d'armes, et adresse aux chefs de corps la communication suivante :

« Ban-St-Martin, 7 octobre 1870.

« Le moment approche où l'armée du Rhin se trouvera dans la situation la plus difficile peut-être qu'ait jamais dû subir une armée française.

« Les graves événements militaires et politiques qui se sont accomplis loin de nous, et dont nous ressentons le douloureux contre-coup, n'ont ébranlé ni notre force morale ni notre valeur comme armée; mais vous n'ignorez pas que les complications d'un antre ordre s'ajoutent journellement à celles que créent pour nous les faits extérieurs. Les vivres commencent à manquer, et, dans un délai qui ne sera que trop court, ils nous feront absolument défaut. L'alimentation de nos chevaux de cavalerie et de trait est devenue un problème dont chaque jour qui s'écoule rend la solution de plus en plus improbable. Nos ressources sont épuisées, les chevaux vont dépérir et disparaître. Dans ces graves circonstances, je vous ai appelés pour vous exposer la situation et vous faire part de mon sentiment.

« Le devoir d'un général en chef est de ne rien laisser ignorer, en pareille occurrence, aux commandants des corps sous ses ordres, et de s'éclairer de leur avis et de leurs conseils. Placé plus immédiatement en contact avec les troupes, vous savez certainement, M..., ce que l'on peut attendre d'elles, ce que l'on doit en espérer. Aussi, avant de prendre un parti décisif, ai-je voulu vous adresser cette dépêche pour vous demander de me faire connaître par écrit, après un examen mûri et très approfondi de la situation, et après en avoir conféré avec vos généraux de division, votre opinion personnelle et votre appréciation motivée.

« Dès que j'aurai pris connaissance de ce document,

dont l'importance ne vous échappera pas, je vous appelerai de nouveau dans un conseil suprême, d'où sortira la solution définitive de la situation de l'armée dont S. M. l'Empereur m'a confié le commandement.

« Je vous prie de me faire connaître, par écrit, dans les quarante-huit heures, l'opinion que j'ai l'honneur de vous demander, et de m'accuser réception de la présente dépêche. »

Tous les chefs de corps ont répondu à cette note, et leur réponse est unanime : il leur paraît impossible de tenter une nouvelle sortie sans faire tuer la moitié de l'armée et s'exposer à voir le reste dispersé ou pris. Et comme les vivres vont manquer, qu'aucun secours ne peut être attendu, le seul parti à prendre est d'essayer de conclure avec l'ennemi une convention honorable qui permette à l'armée de sortir avec armes et bagages, et de se retirer sur un point de la France où elle serait à la disposition du gouvernement régulièrement établi pour l'aider à maintenir l'ordre et faire respecter les volontés du pays. Que si ces conditions honorables n'étaient pas accordées, l'armée et ses chefs n'hésiteraient pas à se faire tuer plutôt que de subir une honteuse capitulation.

Citons seulement ces passages de la réponse du maréchal Canrobert. Elles se ressemblent toutes :

« J'ai réuni mes généraux de division, et, après avoir conféré avec eux, ils m'ont remis une déclaration écrite et unanime, dont les conclusions portent ce qui suit :

« Vu les forces infiniment supérieures qui nous
« entourent et les tentatives infructueuses qui ont été
« faites pour franchir les lignes ennemies; vu la des-
« truction presque totale de nos chevaux d'artillerie
« et cavalerie, et l'épuisement complet de nos vivres,
« les généraux soussignés pensent qu'il y aurait lieu
« de traiter avec l'ennemi pour obtenir une conven-

« tion honorable, c'est-à-dire de partir avec armes et « bagages, et sous la condition de ne pas servir contre « la Prusse pendant un temps qui n'excédera pas un « an. Dans le cas où les conditions imposées par l'en- « nemi ne sauraient être acceptées par des gens d'hon- « neur, les généraux de division sont résolus à tra- « verser les lignes prussiennes coûte que coûte. »

« En ce qui me concerne, après un examen approfondi des conditions matérielles et morales dans lesquelles se trouve l'armée du Rhin, et en tenant compte des graves événements politiques et militaires qui se sont accomplis loin de nous, je pense qu'il n'est pas possible de renouveler les tentatives infructueuses qui ont été faites pour percer les lignes ennemies et gagner un point de la France dans des conditions qui permettent de rendre des services utiles au pays...

« En admettant cependant qu'on parvienne à percer les lignes, les ressources en munitions et en vivres feraient complétement défaut après deux ou trois marches ou combats; de plus, et avec les chances les plus favorables, on ne peut estimer à moins de la moitié de notre effectif les pertes qu'entraînerait une trouée, en hommes pris ou hors de combat. Si l'on songe alors à ce que serait la situation morale et matérielle du reste de l'armée, on est en droit de se demander si elle serait en état de soutenir une poursuite obstinée, et si elle n'entrerait pas promptement dans un état de désorganisation qui serait un triste spectacle, sinon même un danger pour le pays, et porterait une atteinte grave à l'honneur du drapeau... »

Le 10 octobre, le maréchal Bazaine réunit ces mêmes chefs de corps, et après avoir résumé les principaux traits de la situation, il ajoute « que, malgré toutes les tentatives faites pour se mettre en communication avec la capitale, il ne lui était jamais parvenu aucune nouvelle officielle du gouvernement, qu'aucun indice d'une armée française opérant pour faire une diversion utile à l'armée du Rhin ne lui avait été signalé. »

Le commandant supérieur de Metz, et l'intendant en chef furent alors successivement invités à exposer le bilan définitif des ressources alimentaires de toutes sortes. Il en résultait que, en faisant tous les efforts imaginables, en fusionnant les ressources de la ville avec celles de la place et de l'armée, en réduisant la ration journalière de pain à 250 grammes, en rationnant les habitants, en consommant les réserves des forts, il était possible de vivre jusqu'au 20 octobre inclus, y compris les deux jours de biscuit existant dans les sacs des hommes.

Le général Coffinières déclara ensuite que l'état sanitaire était gravement compromis dans la place, tant par l'accumulation de 19,000 blessés ou malades, que par le défaut de médicaments, de moyens de couchage, de locaux et d'abris, et que par l'insuffisance du nombre des médecins.

Les rapports des médecins en chef constatent que le typhus, la variole, la dyssenterie, et tout le cortége des maladies épidémiques commençaient à envahir les établissements hospitaliers et à se répandre dans la ville. L'affaiblissement causé par la mauvaise alimentation à laquelle on était réduit ne pouvant qu'augmenter ces causes morbides. On constate que les ambulances et les hôpitaux sont encombrés, que près de 2,000 malades ou blessés sont encore recueillis chez les habitants, et la conclusion est que si un nombre considérable de blessés devait de nouveau être dirigé sur la place, il y aurait d'abord impossibilité de les installer, mais surtout danger immédiat pour la santé publique.

Cet exposé de la situation étant connu de tous les membres du conseil de guerre, on passe à l'examen des questions suivantes :

« 1° L'armée doit-elle tenir sous les murs de Metz jusqu'à l'entier épuisement de nos ressources alimentaires ?

« 2° Doit-on continuer à faire des opérations autour de la place pour essayer de se procurer des vivres et des fourrages ?

« 3° Peut-on entrer en pourparlers avec l'ennemi pour traiter des conditions d'une convention militaire ?

« Doit-on tenter le sort des armes et chercher à percer les lignes ennemies ? »

Après une discussion approfondie de chacune de ces graves questions, le conseil décide, à l'unanimité :

« 1° Que l'on tiendra sous Metz le plus longtemps possible ;

« 2° Que l'on ne fera pas d'opérations autour de la place, le but à atteindre étant presque improbable ;

« 3° Que des pourparlers seront engagés avec l'ennemi dans un délai qui ne dépassera pas quarante-huit heures, afin de conclure une convention militaire honorable et acceptable pour tous ;

« 4° Que, dans le cas où l'ennemi voudrait imposer des conditions incompatibles avec notre honneur et le sentiment du devoir militaire, on tentera de se frayer un passage les armes à la main. »

Et ces résolutions sont signées par tous les chefs de corps et des grands services de l'armée.

En conséquence, le général Boyer, premier aide de camp du maréchal Bazaine, partit pour Versailles, où résidaient alors le roi de Prusse et son ministre, M. de Bismark. Celui-ci le reçut immédiatement, et, après lui avoir fait le plus triste tableau de la situation intérieure de la France, de l'anarchie qui régnait dans le Midi, des défaites de nos armées sur la Loire, M. de Bismark demanda au général Boyer de lui préciser les désirs du maréchal Bazaine et le but de sa mission.

« Je lui exposai, dit le général, qu'après les événements de guerre auxquels l'armée de Metz avait pris part, elle pouvait se considérer comme ayant noblement défendu l'honneur du drapeau et comme ayant le droit, dans l'extrémité où elle se trouvait, de demander, *non pas une capitulation*, elle n'en était pas là, *mais une convention militaire qui lui accorderait les honneurs de la guerre, c'est-à-dire la faculté de se retirer, emportant ses armes, son matériel et ses aigles.* — M. de Bismark me répondit que :

« Si ma mission était de demander une convention « militaire sur ces bases, il pouvait dire à l'avance « que le conseil du roi ne nous accordera pas d'autres « conditions que celles qui ont été stipulées à Sedan. »

« Sur mon observation que ces bases seraient inacceptées par l'armée du Rhin, M. de Bismark répondit : « Mais je puis faire valoir des considérations « politiques au roi et à son conseil, et je pense obte- « nir pour l'armée française des conditions que je vous « ferai connaître demain, car je verrai le roi ce « soir. » J'insistai auprès de M. de Bismark pour connaître ces considérations politiques.

« Il me déclara qu'il ne traiterait pas *avec le Gouvernement de la Défense nationale, qu'il ne reconnaissait pas*; qu'il ne pouvait traiter avec l'Empereur, qui était prisonnier de guerre et qui avait refusé de traiter à Sedan; mais qu'il pouvait traiter avec le gouvernement de la Régente ; avec l'Impératrice.

« Avez-vous, » ajouta-t-il, » reconnu le Gouver- « nement de la Défense nationale? — Non, » lui répondis-je, « nous n'avons reçu aucune nouvelle du « Gouvernement du 4 septembre. Nous avons, vers le « 14 de ce mois, par l'arrivée au camp de quelques « prisonniers de guerre échangés, appris le même « jour le désastre de Sedan, la captivité de l'Empe- « reur et l'installation du Gouvernement de la Défense « nationale. Mais aucune notification officielle ne

« nous est parvenue, aucun fonctionnaire ne nous a « rejoints. Le Gouvernement de la Défense nationale « n'existe pas pour nous. Nous avons prêté serment à « l'Empereur, *nous resterons fidèles à notre serment jus- « qu'à ce que le pays en ait décidé autrement.* »

« En ce cas, » me dit M. de Bismark, « nous pou- « vons nous entendre ; je ne vous propose pas de trai- « ter avec l'Empereur; il est prisonnier en Prusse et « l'on pourrait admettre qu'on exerce une pression « sur ses décisions. Il n'en est pas de même de l'Im- « pératrice, elle est sur un terrain neutre et en dehors « de toute action directe de notre part. »

« Je fis observer à M. de Bismark que je n'avais aucune qualité pour m'occuper d'une négociation de ce genre, mais que je le priai de me développer son système, afin que je pusse en transmettre les bases à Metz.

« Son système consistait à affirmer *la fidélité de l'armée au gouvernement de la Régente par une manifestation témoignant qu'elle était décidée à suivre l'Impératrice*, *d'obtenir* de *l'Impératrice la signature des préliminaires de la paix.* »

« Je fis observer à M. de Bismark que pareille manifestation était en dehors de nos habitudes militaires. Reprenant alors les instructions que le maréchal m'avait remises à mon départ, j'exposai à M. de Bismark le rôle que l'armée devait remplir après avoir quitté Metz. Elle se rendrait, avec l'assentiment du conseil de guerre, sur un territoire neutralisé où les pouvoirs publics, tels qu'ils étaient avant le 4 septembre, seraient appelés à proposer ou à déterminer la forme du gouvernement, et quelle que fût la décision prise, elle serait acceptée ; soldats de la nation, ils obéiraient à la volonté du pays. Si les pouvoirs publics déclaraient qu'il fallait faire appel à la nation, l'armée aiderait à faire cet appel. »

Le général Boyer revint à Metz apportant les conditions de M. de Bismark. Une nouvelle réunion des chefs de corps est convoquée pour en prendre connaissance. Tous s'accordent à reconnaître que, dans la situation désespérée de l'armée, une convention avec la Prusse est inévitable et, comme cette puissance ne veut traiter qu'avec le gouvernement de la régente, il est décidé que le général Boyer partira immédiatement pour Londres, afin de se concerter avec l'impératrice sur les moyens de sauver la malheureuse armée du Rhin.

Tout ce qui peut inspirer le plus ardent patriotisme au cœur d'une femme, d'une souveraine, lettres, démarches, supplications, l'impératrice le fit dans cette douloureuse circonstance. Elle ne se contenta pas d'écrire au roi Guillaume pour essayer de le toucher ou de l'éclairer sur ses véritables intérêts. Elle adressa aux représentants de toutes les grandes puissances neutres qui l'entouraient naguère aux Tuileries, de leur respecteux dévouement. Ses efforts échouèrent devant les froids calculs de l'égoïsme de nos vainqueurs et l'indifférence ou la peur de nos anciens alliés. Ils auraient sans doute abouti si l'Impératrice eût consenti à signer le démembrement de la France, mais elle ne put se résoudre à racheter à un tel prix la couronne de son fils. La Providence voulait que cette humiliation fût réservée aux hommes qui avaient conduit la France à une aussi honteuse extrémité.

Pendant ces négociations, l'armée de Metz agonisait, et, le 27 octobre, elle était réduite à capituler. Le général Boyer, qui venait d'en être instruit par l'ambassadeur de Prusse, à Londres, s'était empressé de communiquer la fatale nouvelle à l'Impératrice. Elle lui écrivit le jour même cette lettre, qui peint si bien les déchirements de son cœur de souveraine et de française, et rend une si éclatante justice à l'héroïsme de notre armée.

« 27 octobre 1870.

« Mon cher général,

« Je viens de recevoir votre lettre ! Brisée par la douleur, je ne puis que vous exprimer mon admiration pour cette vaillante armée et ses chefs.

« Accablés par le nombre, mais gardiens fidèles de la gloire et de l'honneur de notre malheureuse patrie, ils ont conservé intacte la tradition de nos anciennes légions.

« Vous connaissez mes efforts et mon impuissance pour conjurer un sort que j'eusse voulu leur épargner au prix de mes plus chères espérances ! Je compte vous voir demain : j'espère que vous voudrez bien vous charger d'une lettre pour le maréchal.

« Quand vous rejoindrez vos compagnons d'armes, dites-leur qu'ils ont été l'espérance, l'orgueil et la douleur d'une exilée comme eux.

« Croyez, mon cher général, à tous mes sentiments.

« *Signé :* EUGÉNIE. »

On ne veut cependant pas renoncer encore à tout espoir. Un autre négociateur, le général de Cissey, est envoyé dans le camp prussien. Mais il n'obtient pas plus que le général Changarnier. On lui remit le protocole de Sedan en lui disant : « Voilà ce qu'il faut accepter, sinon rien de fait. »

Les chefs de l'armée ne pouvaient cependant pas la laisser périr de faim avec toute la population de la ville de Metz. Après avoir constaté que les différents corps n'avaient plus de vivres que pour un jour, pour deux jours au plus en partageant entre les soldats et les habitants les dernières ressources qui restaient à la place, le conseil de guerre décida que le général Jarras, chef de l'état-major de l'armée française, se rendrait auprès du chef de l'état-major de l'armée allemande pour arrêter les conditions de la capitulation.

Le lendemain, 27, le général Jarras revint communiquer ces conditions au conseil. Elles étaient dures ; mais comment refuser de s'y soumettre ? A dix heures du soir, le général y apposa, la rage dans le cœur, sa signature, et tout fut fini.

Le 28 octobre, au matin, tous les chefs de corps sont réunis en conseil sous la présidence du maréchal Bazaine, à l'effet d'entendre la lecture de la convention signée le 27.

« Après en avoir pris connaissance, dit le procès-verbal, et demandé des explications sur la portée et l'interprétation de quelques articles, le conseil a reconnu que son mandataire, le général Jarras, avait usé des instructions qu'il avait reçues d'une manière aussi satisfaisante que le comportait la situation de l'armée, et il a donné son approbation au protocole et à son annexe. »

Ont signé : les maréchaux *Canrobert* et *Lebœuf*, les généraux *de Ladmirault*, *Frossart*, *Desvaux*, *Soleille*, *Coffinières*, *de Forton*, *Changarnier*; enfin le maréchal Bazaine.

Puis, ces vaillants capitaines, ces illustres héros de la France, se séparèrent dans un morne silence, n'emportant dans leur captivité que la satisfaction d'avoir fait jusqu'au bout *tout ce que leur prescrivaient le devoir et l'honneur*.

L'armée de Metz avait livré quatre grandes batailles et quatorze combats ; elle avait perdu 24 généraux, 2,100 officiers et plus de 42,000 sous-officiers et soldats.

Au moment de sa chute, les hôpitaux et ambulances contenaient plus de 20,000 malades et blessés.

Pour tant d'héroïsme et de sang répandu, pour tant de souffrances noblement supportées, les soldats et les chefs de cette vaillante armée devaient espérer un témoignage de reconnaissance de la patrie. Hélas! ceux qui la gouvernaient, ces sinistres saltimbanques qui ne faisaient que fuir devant l'ennemi, et n'étaient prodigues que du sang des autres, ne leur envoyèrent pour toute récompense que d'ignobles outrages. Dans une dépêche devenue fameuse, Gambetta dénonce Bazaine et tous les généraux de son armée comme *traîtres à la patrie*, et aux yeux des hommes du 4 septembre, des auteurs de la capitulation de Paris, les héros de Borny et de Gravelotte ne sont que des *capitulards*.

Plus juste appréciateur des vertus militaires, l'Empereur ne tarda pas à venger ces braves gens d'une telle ingratitude. Ayant appris que le maréchal Bazaine venait d'être interné à Cassel, pour y subir sa captivité, il s'empressa de lui écrire :

« Wilhemshoe, le 31 octobre 1870.

« Mon cher maréchal,

« J'éprouve une véritable consolation dans mon
« malheur en apprenant que vous êtes près de moi.
« Je serais heureux de pouvoir vous exprimer de vive
« voix les sentiments que j'éprouve pour vous et l'hé-
« roïque armée qui, sous vos ordres, a livré tant de
« combats sanglants et a supporté avec persévérance
« des privations inouïes.
« Croyez, mon cher maréchal, à ma sincère amitié.

« NAPOLÉON. »

Quelque habitué qu'il fût à voir ses intentions et ses actes méconnus et défigurés et quelque dédain qu'il eût pour la calomnie, le maréchal Bazaine ne pouvait cependant pas rester sous le poids de l'odieuse accusation lancée par Gambetta contre lui. Sa première pensée fut de demander des Juges. Dès le mois de novembre 1870, il s'adresse au gouvernement de Tours pour en obtenir. Crémieux consentit à lui en donner, mais Gambetta ne le permit pas, selon ce grand homme d'Etat le procès de Bazaine était *instruit et jugé*. Après la réunion de l'Assemblée nationale, et l'élection de M. Thiers comme chef du pouvoir exécutif, Bazaine insiste de nouveau pour être jugé; M. Thiers s'y opposait, mais grâce aux déclarations du Conseil d'enquête, et aux efforts des ennemis du maréchal près de l'Assemblée nationale, celle-ci se décida enfin à lui donner des Juges.

L'instruction de ce procès fut longue. Tant qu'elle dura, le maréchal resta enfermé sous bonne garde, dans une modeste maison de Versailles, et n'en sortit que pour occuper un logement dans une partie du palais de Trianon, où son procès allait se juger. Ce procès dura deux mois et demi; les débats solennels auxquels il donna lieu, ont retenti dans le monde entier.

Le maréchal fut condamné : il y avait eu capitulation. La loi est inexorable. Sans doute, il y eut d'autres capitulations dans cette funeste guerre; Paris lui-même, malgré tous ses moyens de défense, plus nombreux et plus puissants que ceux de Metz, Paris lui-même a capitulé. Mais Paris n'était pas en cause, il n'y avait en cause que Metz et le malheureux commandant de l'armée du Rhin.

En vain, son ami et éloquent défenseur, Me Lachaud, s'efforça-t-il d'établir que la capitulation de Metz était en dehors des prévisions de la loi. L'armée du maréchal Bazaine était dans un camp retranché, et non en rase campagne. La place de Metz n'avait été rendue que, lorsqu'après des souffrances héroïquement supportées, on était réduit à mourir de faim. L'armée du Rhin, tout en voulant rester fidèle à son serment jusqu'à ce que la volonté nationale se soit prononcée sur les destinées du pays, n'avait pas, un seul jour, oublié ses devoirs envers la patrie; plus de cinquante mille cadavres enfouis autour de Metz attestaient ses glorieux efforts. Elle n'avait pu vaincre, mais elle avait, à Metz, pendant deux mois, retenu deux cent mille hommes des meilleures troupes allemandes et donné à la France le temps d'organiser la défense nationale. Malheureusement la révolution du 4 septembre, sans exemple dans l'histoire, accomplie devant l'ennemi, avait empêché la France de mettre suffisamment à profit le répit qu'elle devait au dévouement de l'armée de Metz et de ses chefs. Ces considérations n'ont pu sauver le maréchal, mais elles sont déjà recueillies par l'histoire.

Le maréchal fut condamné ; mais ses juges eux-mêmes, malgré le caractère d'inflexibilité qu'ils voyaient dans la loi, ne crurent pas, en signant la fatale sentence, avoir fait tout ce que leur imposait leur conscience, et, après avoir rendu leur jugement, ils adressaient immédiatement au ministre de la guerre, la lettre ci-après :

« Monsieur le ministre,

« Le Conseil de guerre vient de rendre son jugement contre M. le maréchal Bazaine.

« Jurés, nous avons résolu les questions qui nous étaient posées en n'écoutant que la voix de notre conscience. Nous n'avons pas à revenir sur le long débat qui nous a éclairés. A Dieu seul nous devons compte des motifs de notre décision.

« Juges, nous avons dû appliquer une loi inflexible et qui n'admet pas qu'aucune circonstance puisse atténuer un crime contre le devoir militaire.

« Mais ces circonstances que la loi nous défendait d'invoquer en rendant notre verdict, nous avons le droit de vous les indiquer.

« Nous vous rappellerons que le maréchal Bazaine a pris et exercé le commandement de l'armée du Rhin au milieu de difficultés inouïes, qu'il n'est

« responsable ni du désastreux début de la campagne,
« ni du choix des lignes d'opérations.

« Nous vous rappellerons qu'au feu, il s'est toujours « retrouvé lui-même ; qu'à Borny, à Gravelotte, à « Noisseville, nul ne l'a surpassé en vaillance, et que « le 16 août il a, par la fermeté de son attitude, main- « tenu le centre de sa ligne de bataille.

« Considérez l'état des services de l'engagé volon- « taire de 1831 ; comptez les campagnes, les bles- « sures, les actions d'éclat qui lui ont mérité le « bâton de maréchal de France.

« Songez à la longue détention qu'il vient de subir ; « songez à ce supplice de deux mois pendant lesquels « il a entendu chaque jour discuter son honneur « devant lui, et vous vous unirez à nous pour prier le « Président de la République de ne pas laisser exé- « cuter la sentence que nous venons de prononcer.

« Recevez, monsieur le ministre, l'assurance de « notre respect.

« *Le Président*. H. D'ORLÉANS.

« *Les Juges :* Général DE LA MOTTEROUGE.
« Général baron DE CHABAUD LA TOUR.
« Général J. TRIPIER.
« Général PRINCETEAU.
« Général RESSAYRE.
« Général DE MALROY.

Le maréchal pouvait demander la révision du jugement qui le condamnait ; il ne le voulut pas. « Je ne « me pourvoirai pas, écrit-il, sitôt après sa con- « damnation à son cher et valeureux défenseur, « Me Lachaud, en le remerciant de toute son âme, « je ne veux pas prolonger devant le monde entier le « spectacle d'une lutte aussi douloureuse, et je vous « prie de ne faire aucune démarche en ma faveur. Ce « n'est plus aux hommes que je demande de me ju- « ger ; c'est du temps, c'est de l'apaisement des pas-

» sions que j'attends ma justification. J'attends, ferme » et résolu, fort de ma conscience qui ne me reproche » rien, l'exécution de la sentence. »

Jamais la mort ne fut attendue par une âme plus ferme, avec une plus admirable tranquillité. Ce n'est pas la mort qui vint, ce fut une nouvelle prison. L'intrépide soldat s'y laissa conduire avec cette parfaite sérénité qui ne l'abandonna jamais dans le péril comme dans le commandement. Il était dépouillé du grade qui avait couronné la plus belle carrière militaire, de ces décorations dont chacune avait été payée de son sang versé pour son pays ; on ne pouvait lui ôter ses blessures, on ne pourra parvenir à effacer son nom des annales militaires de la France, tant qu'on ne rayera pas de son histoire les cent combats dont Bazaine fut le héros.

Il n'emporta aux îles Sainte-Marguerite qu'un enfant de six ans, qui, depuis deux ans, partage le lit de prison de son père, dont il n'a jamais voulu se séparer; il laissait à la maréchale ses deux autres petits enfants, ses seuls trésors, car il n'en a pas d'autres : il a dépensé son modeste patrimoine au service de son pays, et pauvre il reste, en dépit des mensonges qui en ont fait un millionnaire, comme d'autres mensonges en ont fait un traître.

C'est surtout son honneur que le maréchal avait voulu défendre, « c'est le seul patrimoine, dit-il, que « j'aie à laisser à mes enfants, » et pendant deux mois, ainsi que le disent les juges dans leur recours en grâce, il endura le supplice d'entendre chaque jour discuter son honneur devant lui.

Cet honneur sortit pur de toutes les épreuves. La honte des suppositions outrageantes dont la démagogie, cette fausse démocratie, venant en aide aux ennemis du maréchal, avait voulu flétrir la vie la plus honnête et la plus pure, cette honte est retournée à ses auteurs. « Je serais mort sans regret, écrivit le

« maréchal au chef de l'Etat, car la demande en grâce « que vous ont adressée mes juges venge mon hon- « neur.»

Cet honneur était vengé aussi par ce flot de douloureuses sympathies qui, de tous les points de la France et de l'Europe, sont venues adoucir une grande infortune. C'est qu'il ne faut pas rendre toute le peuple français responsable des égarements de la démagogie. Le peuple est si facile à tromper! « Bourreau, » criaient quelques égarés en voyant le maréchal s'acheminer vers sa prison, « Bourreau ! » Ils croyaient donc que par ambition et pour sa propre gloire, le maréchal avait sacrifié des milliers de vies humaines!... ils ignoraient, les malheureux, que le respect de la vie de tant de braves soldats, que l'horreur du sang inutilement répandu, que le désir de mettre fin à une lutte sanglante et sans issue, tels étaient les mobiles qui avaient dirigé le maréchal.

Bazaine a toujours été ménager de la vie de ses soldats, autant qu'il a été prodigue de la sienne ; il avait fait, à Metz, le sacrifice de sa gloire pour ne pas lui donner comme piédestal des milliers de cadavres. Nous ne pourrions jamais le dire aussi bien que notre grand écrivain, Louis Veuillot, dans une page admirable de cœur et de raison consacrée à l'illustre et malheureux soldat dont nous avons entrepris, dans notre admiration pour lui, d'écrire la douloureuse histoire.

Voici cette page, nous n'oserions ajouter une ligne après elle :

« La loi voulait que le maréchal livrât une dernière bataille. En se battant, il sauvait l'honneur légal, mais il perdait la vie de quarante mille hommes pour la seule gloire de son nom ; et la France, épuisée de tout, ne conservait même pas l'apparence d'une armée. Il était général en chef pour prendre une résolution plus héroïque et plus redoutable à lui-même que celle de combattre et de périr : il a capitulé, parce que c'était la seule victoire qui ne lui fût pas impossible.

« Il a pris cette responsabilité pire que la mort, de réfugier sous le drapeau ennemi les derniers soldats qui restaient à la France. La loi n'admet pas ces résolutions extrêmes, elle les condamne, elle a raison. Mais un homme de bon sens et de bon cœur, qui a le choix de se sauver ou de sauver quarante mille hommes, prend son parti : il garde à la nation, aux dépens de sa tête et de ses drapeaux, une armée qui la fera revivre.

« On aurait pu fusiller Bazaine pour n'avoir pas fait tout ce que demandent l'honneur et le devoir, *suivant la loi:* il aurait fallu le fusiller l'épée au côté, et lui donner une tombe glorieuse pour avair fait, dans une situation inouïe, tout ce que commandaient la prudence et la suprême responsabilité du chef et du citoyen devant le Dieu des justices au profit de l'immortelle patrie.

« C'est ce qui aurait pu se faire dans un autre temps et ce que l'avenir pourra voir. Mais l'époque présente est sans grandeur; elle veut que la loi s'exécute servilement. On a de misérables ruses pour la mitiger, on l'use par le ridicule quand la conscience ne permet pas de lui obéir.

« L'avenir comprendra difficilement que Bazaine ait été dégradé, gracié, déclaré à la fois coupable et innocent, digne de mort et digne d'excuse, et finalement traîné à des gémonies que l'on continue en les désavouant. On s'explique mieux qu'il reste impassible au milieu de ce chaos, le plus tranquille des témoins de sa ruine et de sa mort, et en apparence le plus indifférent. Personnellement, il a refusé quelques explications, fait entendre quelques protestations nécessaires et n'a accusé personne. Il a noblement voulu ignorer de combien de fautes personnelles se compose une bataille perdue. La bataille est perdue : peu lui importe ce que dévorera le vautour ! On peut dire qu'il n'a point d'âme; que lui importe encore? Il regarde les tendresses hautes et sacrées qui l'environnent : sa noble épouse, son jeune enfant, son vieil ami. Le monde contemporain offre peu de spectacles aussi sains. Ce condamné, il voit les témoins qui défendront sa mémoire, si la pensée du Ciel ne lui donne pas encore tout ce qu'il faut pour dédaigner l'écume du peuple et l'écume de la mer.

Louis Veuillot.

Lettre du maréchal Bazaine au chef de l'Etat.

Trianon-sous-Bois, 12 décembre 1873.

Monsieur le maréchal,

Vous vous êtes rappelé le temps où nous servions la patrie l'un à côté de l'autre : je crains que votre cœur n'ait dominé la raison d'Etat !

Je serais mort sans regret, car la demande en grâce que vous ont adressée mes juges venge mon honneur.

Agréez, monsieur le maréchal, l'assurance de mon respect.

Bazaine.

Wilhelmshöhe le 31 Oct. 1870

Mon cher Maréchal — J'éprouve une véritable consolation dans mon malheur en apprenant que vous êtes près de moi. Je serai reconnu [illegible]

en voir les sentiments que

j'éprouve pour vous en vous l'exprimant

armée qui sous vos ordres a livré

tous les combats sanglants et

a supporté avec persévérance

des privations inouïes

Ainsi mon cher Maréchal

à ma sincère amitié

Napoléon

LE FORT SAINTE-MARGUERITE
Lieu de détention du Maréchal Bazaine

www.ingramcontent.com/pod-product-compliance
Ingram Content Group UK Ltd.
Pitfield, Milton Keynes, MK11 3LW, UK
UKHW021623260726
13994UKWH00003B/1047

9 782329 093611